Impressum
Verlag: BABADADA GmbH, Nedderfeld 112 , 22529 Hamburg
Geschäftsführer / Verlagsleitung: Harald Hof
Druck: Books on Demand GmbH, In de Tarpen 42, 22848 Norderstedt

Imprint
Publisher: BABADADA GmbH, Nedderfeld 112 , 22529 Hamburg, Germany
Managing Director / Publishing direction: Harald Hof
Print: Books on Demand GmbH, In de Tarpen 42, 22848 Norderstedt

colegio
xikolo

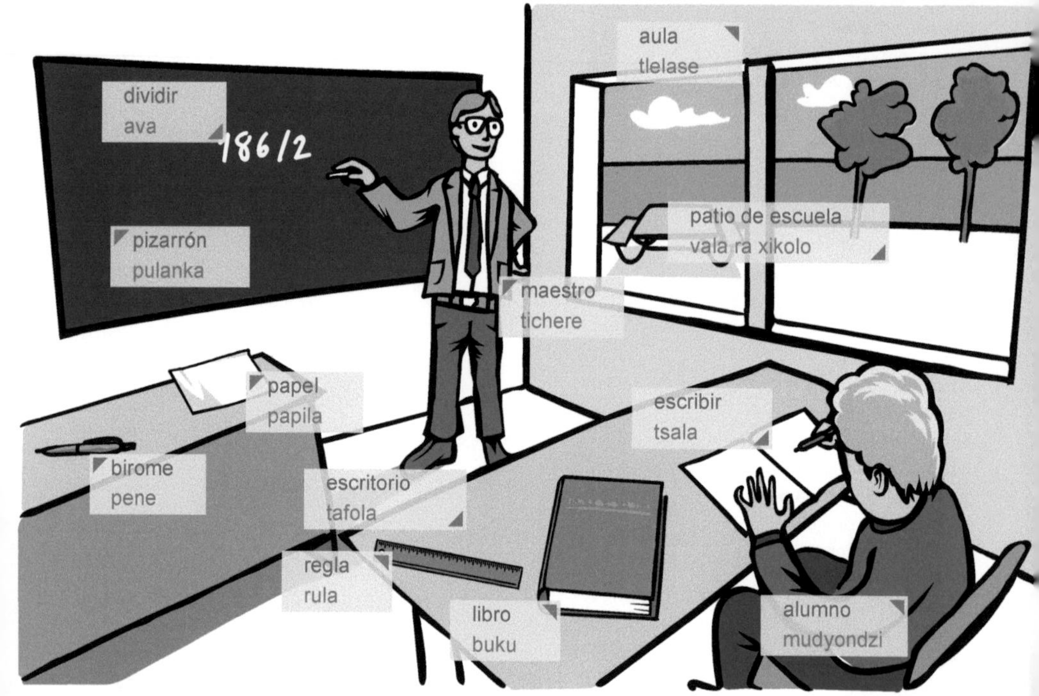
aula
tlelase
dividir
ava
186/2
pizarrón
pulanka
patio de escuela
vala ra xikolo
maestro
tichere
papel
papila
escribir
tsala
birome
pene
escritorio
tafola
regla
rula
libro
buku
alumno
mudyondzi

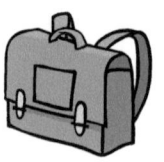

mochila

xinkwamana

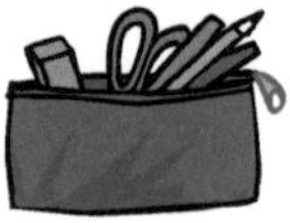

caja de lápices

bokisi ra tipensele

lápiz

pensele

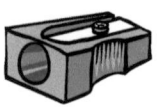

sacapuntas

muchini wo vatla tipensele

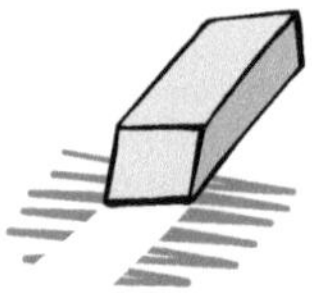

goma (de borrar)

rhaba

bloc de dibujo

papilo ro dirowa

dibujo

xifaniso lexi diroweke

pincel

burachi ro penda

caja de pinturas

bokisi ro penda

tijera

xikero

pegamento

xidamarheti

cuaderno de ejercicios

buku ya xikolo

tarea

ntirho wa le kaya

número

nombhoro

sumar

engeta

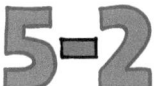

restar

susa

multiplicar

andzisa

calcular

hlaya

letra

letere

abecedario

maletere

palabra

rito

texto
rungula

leer
hlaya

tiza
choko

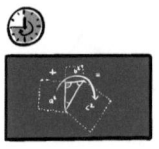

lección
dyondzo

cuaderno de clase
tsarisa

examen
xikambelo

certificado
xitifiketi

uniforme escolar
swiambalo swa xikolo

educación
dyondzo

enciclopedia
nsonga-vutivi

universidad
univhesiti

microscopio
makhiriskopu

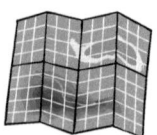

mapa
mepe

tacho (de basura)
xikotela xo lahla maphepha

viaje
kufamba

hotel
hotele
Grand
hostel
hositele
ROOMS
casa de cambio
ndhawu yo cinca mali
valija
putumendhe
auto
movha

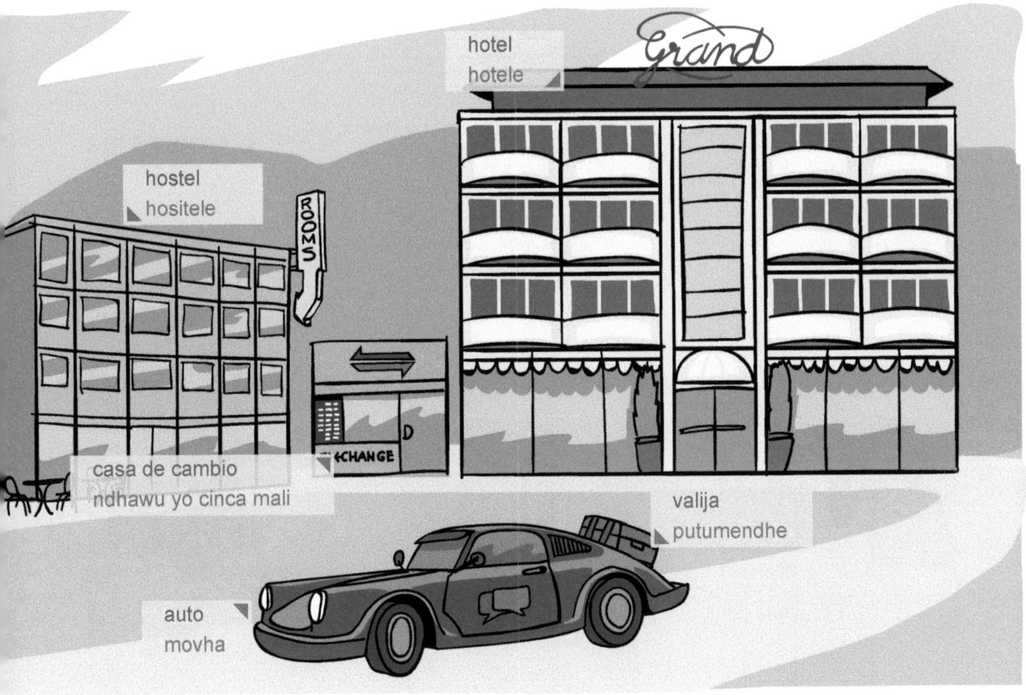

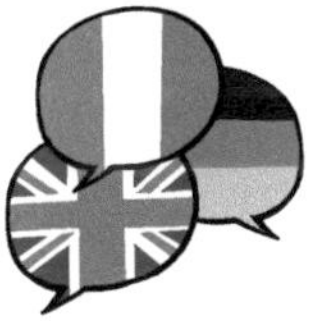

idioma

ririmi

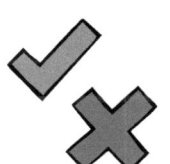

sí / no

ina / e-e

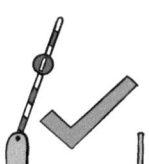

Está bien

Swikahle

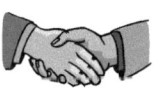

hola

ahe

traductor

muhundzuluxeri

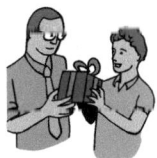

Gracias

Ndza khensa

¿cuánto cuesta…?

ivungani…?

No entiendo

Andzi twisisi

problema

nkinga

¡Buenas tardes!

Riperile!

¡Buenos días!

Maxelo ya kahle!

¡Buenas noches!

Vusiku bya kahle!

adiós

sala kahle

dirección

nkongomiso

equipaje

mindzhwalo

bolso

nkwama

mochila

nkwama

invitado

muendzi

habitación

kamara

bolsa de dormir

nkwama wo etlela

carpa

tende

información turística
vuxokoxoko bya vaendzi

playa
ribuwa

tarjeta de crédito
khadi ra xikweleti

desayuno
xifihlulo

almuerzo
swakudya swa ninhlekani

cena
swakudya swa nimadyambu

pasaje
thikithi

ascensor
kheshe

sello
xitempe

frontera
ndzilakana

aduana
mikhuva

embajada
hovisi ya vuyimeri ya tiko

visa
visa

pasaporte
pasi ro endza

viaje - kufamba

transporte
swilo swo famba

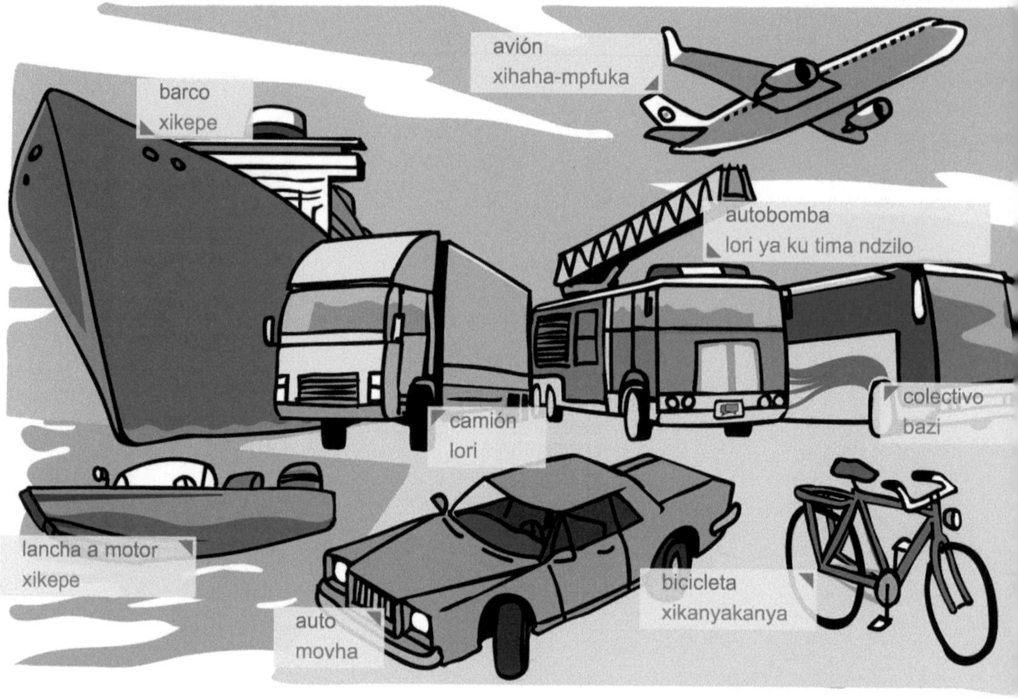
avión
xihaha-mpfuka
barco
xikepe
autobomba
lori ya ku tima ndzilo
colectivo
bazi
camión
lori
lancha a motor
xikepe
bicicleta
xikanyakanya
auto
movha

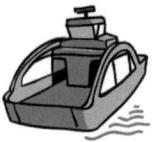

ferry
xikepe

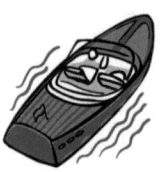

bote
xikepe

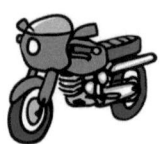

moto
xithuthuthu

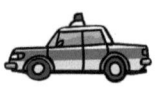

patrullero
movha wa maphorisa

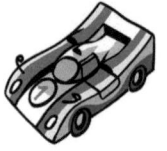

auto de carreras
movha wa mphikizano

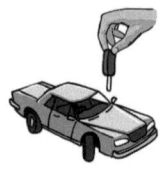

auto de alquiler
movha yo lombiwa

alquiler de autos

ku avelana hi movha

grúa

lori yo koka timovha

camión de basura

lori yo rhwala chaka

motor

njhini

nafta

mafurha

estación de servicio

ndhawu yo xavisa petirolo

señal de tránsito

mpfungo wa le patwini

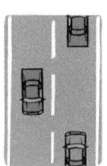

tránsito

mafambelo ya mimovha

embotellamiento

ntlimbano wa timovha

estacionamiento

phaki ya timovha

estación de tren

xitichi xa xitimela

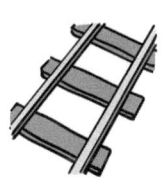

vías

mintila

tren

xitimela

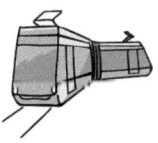

tranvía

banzi leri fambaka
exiporweni

vagón

kalichi

helicóptero

xihaha-mpfuka-phatsa

aeropuerto

rivala ra siwhaha-mpfuka

torre

xihondzo

pasajero

mukhandziyi

contenedor

bokisi

caja de cartón

bokisi

carretilla

kalichi

canasta

xirhundzi

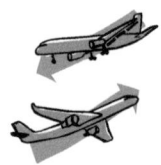

despegar / aterrizar

suka / tshama

ciudad

doroba

pueblo

muti

centro de ciudad

nkava wa doroba

casa

yindlu

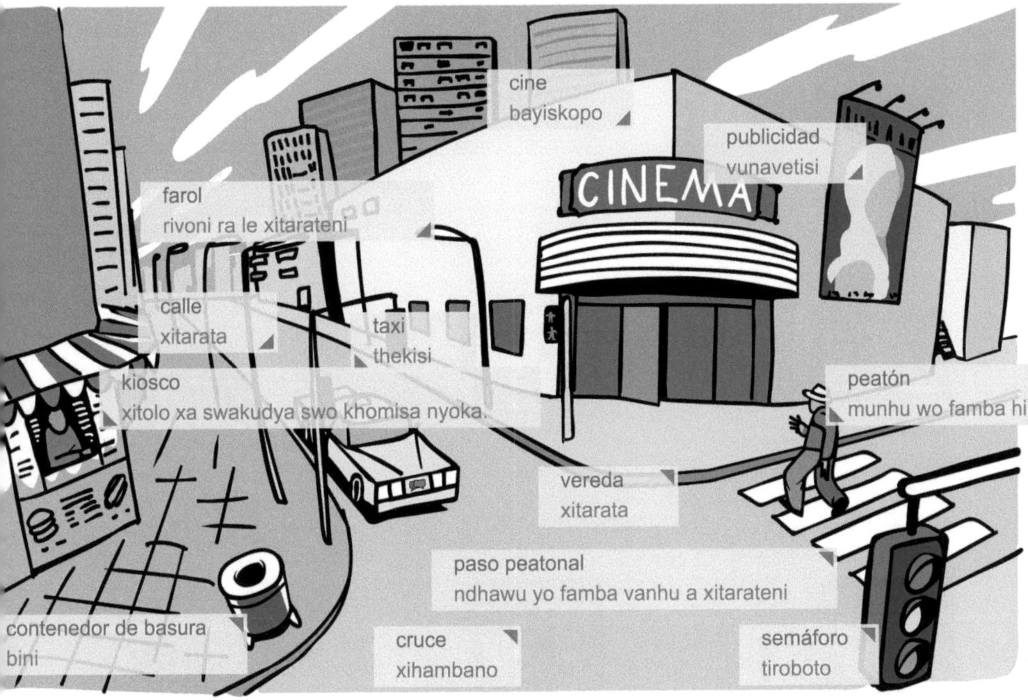

cine
bayiskopo
CINEMA
publicidad
vunavetisi
farol
rivoni ra le xitarateni
calle
xitarata
taxi
thekisi
kiosco
xitolo xa swakudya swo khomisa nyoka.
peatón
munhu wo famba hi
vereda
xitarata
paso peatonal
ndhawu yo famba vanhu a xitarateni
contenedor de basura
bini
cruce
xihambano
semáforo
tiroboto

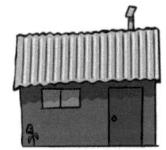

cabaña

xiyindlwana xa byanyi

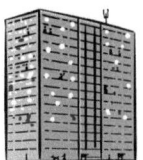

departamento

yindlu

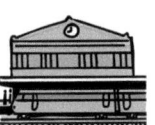

estación de tren

xitichi xa xitimela

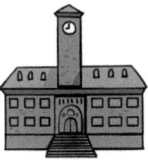

municipalidad

holo ya vanhu

MUSEUM

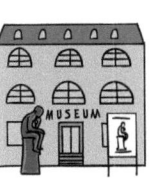

museo

muziyamu

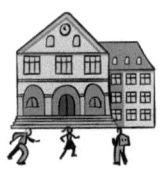

colegio

xikolo

universidad

univhesiti

banco

bangi

hospital

xibedlhele

hotel

hotele

farmacia

xitolo xa miri

oficina

hofisi

librería

xitolo xa tibuku

negocio

xitolo

florería

xitolo xa swiluva

supermercado

xitolo le xikulu swinene

mercado

makete

grandes tiendas

xitolo le xikulu

pescadería

xitolo xa tinhlampfi.

centro comercial

ndhawu ya switolo

puerto

hlaluko

parque

phaka

banco

bence

puente

buloho

escaleras

switepisi

subte

ehansi ka misava

túnel

muhocho

parada del colectivo

xitichi xa tibanzi

bar

barha

restaurante

rhesiturente

buzón

bokisi ra poso

letrero

mfungho wa xitarata

parquímetro

muchini wa mali ya ku phaka

zoológico

ntanga wa swiharhi

pileta

damu ro xambela

mezquita

mosque

granja
purasi

contaminación
nthyakiso

cementerio
masirha

iglesia
kereke

juegos infantiles
rivala ra mintlangu

templo
tempele

paisaje
ndhawu

hoja
tluka

poste indicador
mfungho wa gondzo

camino
ndlela

pradera
byanyi byo tala

piedra
ribye

excursionista
munhu wo khandziya tintshava

árbol
murhi

río
nambu

hierba
byanyi

flor
xiluva

valle

nkova

montaña

xitsunga

lago

tiva

bosque

khwati

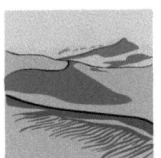

desierto

mananga

volcán

volkheno

castillo

ntsinda

arco iris

nkwangulatilo

champiñón

swikowa

palmera

murhi wa nchindzu

mosquito

nsuna

mosca

haha

hormiga

vusokoti

abeja

nyoxi

araña

puma

escarabajo

xifufunhunu

rana

chele

ardilla

maxindyana

erizo

nhloni

liebre

mfundla

lechuza

xikhova

pájaro

xinyenyane

cisne

sekwa

jabalí

ngluve ya nhova

ciervo

mhunti

alce

mhofu

presa

damu

aerogenerador

xipelupelu xa moya

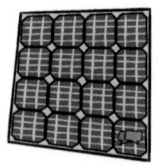

panel solar

bodo leyi tswongaka kuhisa
ka dyambu

clima

maxelo

restaurante

rhesiturente

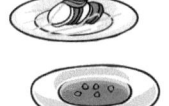

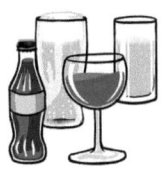

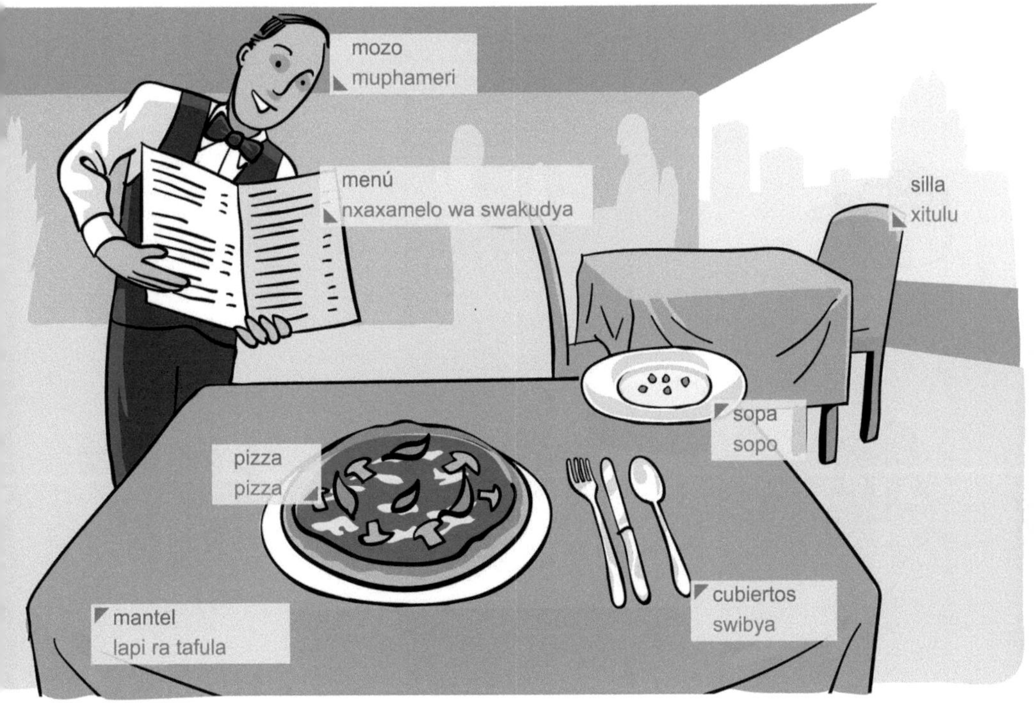

mozo
muphameri
menú
nxaxamelo wa swakudya
silla
xitulu
sopa
sopo
pizza
pizza
cubiertos
swibya
mantel
lapi ra tafula

entrada

swakudya swa ku naveta

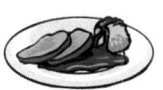

plato principal

swakudya

postre

swo rhelerisa

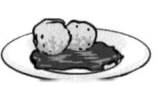

bebidas

swakunwa

comida

swakudya

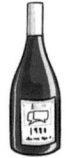

botella

bodlhela

comida rápida

swakudya swa xihatla

comida callejera

swakudya swa le ndleleni

tetera

mbita ya tiya

azucarera

xibye xa chukela

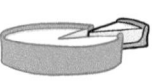

porción

xiphemu

cafetera expreso

muchini wa espresso

sillita alta

xitulu xa le henhla

cuenta

swikweleti

bandeja

thireyi

cuchillo

mukwana

tenedor

foroko

cuchara

lepula

cucharita

xilepulana

servilleta

phepha ro sula nomu

vaso

nghilazi

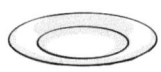

plato
pleti

plato hondo
pleti ya sopo

plato
sosara

salsa
murhu

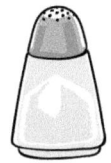

salero
xilo xo chele munyu

molinillo de pimienta
xilo xo gaya

vinagre
vhiniga

aceite
mafurha

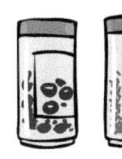

especias
swinyunyeteri

kétchup
ketchup

mostaza
mustard

mayonesa
mayonasi

supermercado

xitolo le xikulu swinene

oferta especial
nyiko yo hlawuleka
FOR
cliente
muxavi
lácteos
ntsamba
fruta
mihandzu
changuito
xikocikara

BUTCHERS

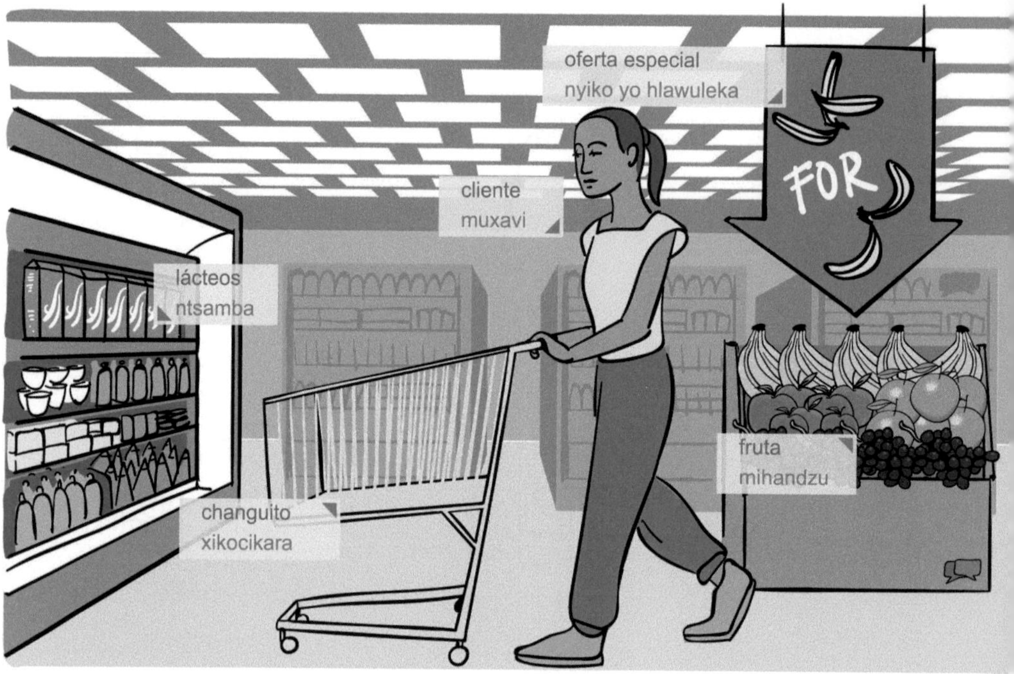

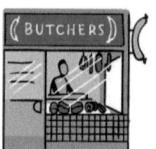

carnicería

buchara

BAKERY

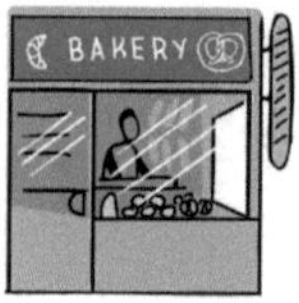

panadería

bekari

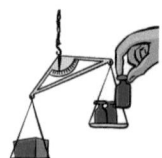

pesar

ringanyeta

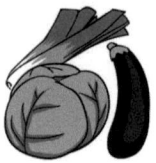

verduras

swimila

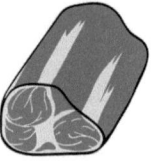

carne

nyama

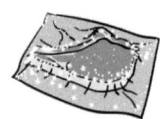

alimentos congelados

swakudya swo titimela

fiambres
nyama

alimentos enlatados
swakudya leswi nga thinini

detergente en polvo
mapa yo hlanswa

golosinas
malekere

electrodomésticos
switirhisiwa swa le ndlwini

productos de limpieza
swilo swo basisa

vendedora
munhu wo xavisa

caja
thili

cajero
muamukeli wa timali

lista de compras
xaxamelo wa swo xaviwa

horario de atención
nkarhi wa ku tirha

billetera
nkwama wa mali

tarjeta de crédito
khadi ra xikweleti

cartera
nkwama

bolsa de plástico
nkwama wa pulasitiki

agua

mati

jugo

ntsutsu

leche

meleke

bebida cola

coke

vino

vhinyo

cerveza

byalwa

alcohol

byala

cacao

cocoa

té

tiya

café

kofi

café expreso

espresso

cappuccino

cappuccino

banana

banana

manzana

apula

naranja

lamula

melón

kalabatla

limón

swiri

zanahoria

kherotsi

ajo

swinyalana

bambú

musengele

cebolla

nyala

champiñón

swlkowa

nueces

tımanga

fideos

makaroni ya nyama

tallarines

spaghetti

arroz

rhayisi

ensalada

saladi

papas fritas

machipisi

papas fritas

nhlata wo katingiwa

pizza

pizza

hamburguesa

hamburger

sándwich

xinkwa

churrasco

cutlet

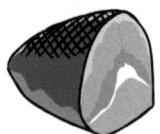

jamón

ham

salame

salami

salchicha

soseji

pollo

huku

asado

katinga

pescado

hlampfi

comida - swakudya

copos de avena
oats

muesli
muesli

copos de maíz
rivele-ndzoho

harina
filawa

medialuna
bantsi

pancito
xinkwa

pan
xinkwa

tostada
xinkwa xo oxiwa

galletitas
makokisi

manteca
botere

cuajada
ribomba ra tswamba

torta
khekhe

huevo
tandza

huevo frito
matandza lama katingiweke

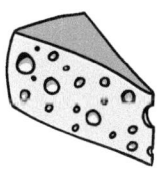

queso
chizi

helado

ayisi khrimi

azúcar

chukela

miel

vulombe

mermelada

jamu

pasta de chocolate

botere ya chokoleti

curry

curry

granja

purasi

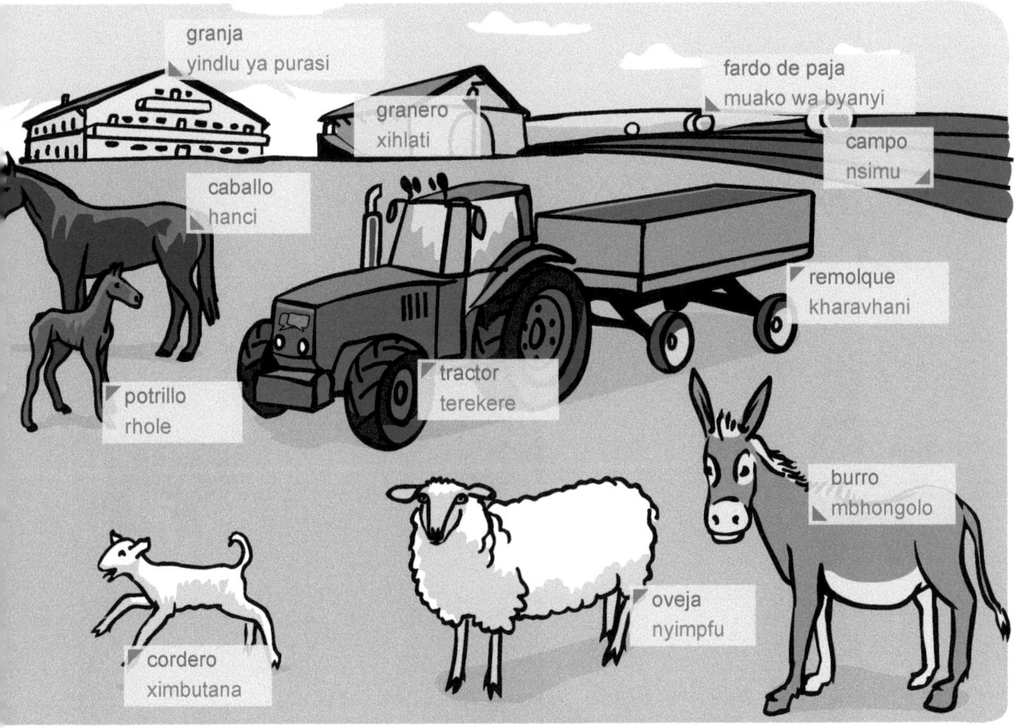

granja
yindlu ya purasi
granero
xihlati
fardo de paja
muako wa byanyi
campo
nsimu
caballo
hanci
remolque
kharavhani
tractor
terekere
potrillo
rhole
burro
mbhongolo
oveja
nyimpfu
cordero
ximbutana

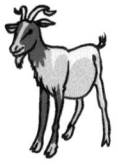

cabra

mhunti

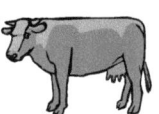

vaca

homu

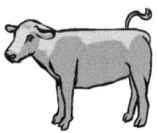

ternero

rhole

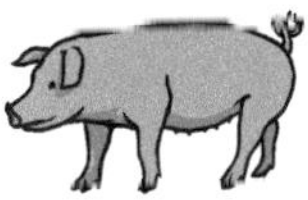

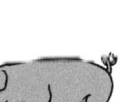

cerdo

nguluve

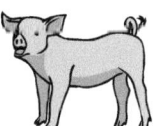

lechón

xingulubyana

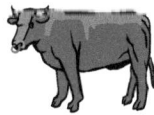

toro

nkuzi

ganso
sekwa

pato
sweka

pollo
xikukwana

gallina
mbhaha

gallo
nkuku

rata
kondlo

gato
ximanga

ratón
kondlo

buey
homu

perro
mbyana

cucha
yindlu ya mbyana

manguera
payipi ya mati

regadera
xilo xo chelela mati

guadaña
nsimbi yo tsema

arado
xikomu

hoz

sikele

azada

xikomu

horquilla

foroko le yikulu

hacha

xihloka

carretilla

bara

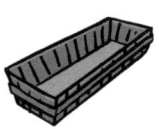

abrevadero

xitsengele

lechera

xilo xo chela ntswamba

bolsa

saka

reja

rirhangu

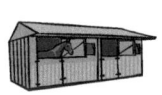

establo

xivala

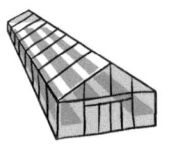

invernadero

yindlu ya vuhlayiselo bya
swimilana

suelo

misava

semilla

mbewu

fertilizador

swinonisi

cosechadora

muchini wa ku tshovela

cosechar
tshovela

cosecha
ntshovelo

batatas
mintsumbula

trigo
koroni

soja
tinyawa

papa
nhlata

maíz
koroni

semilla de colza
rapeseed

árbol frutal
nsinya wa mihandzu

mandioca
ntsumbula

cereales
swakudya swa tidzoho

casa
yindlu

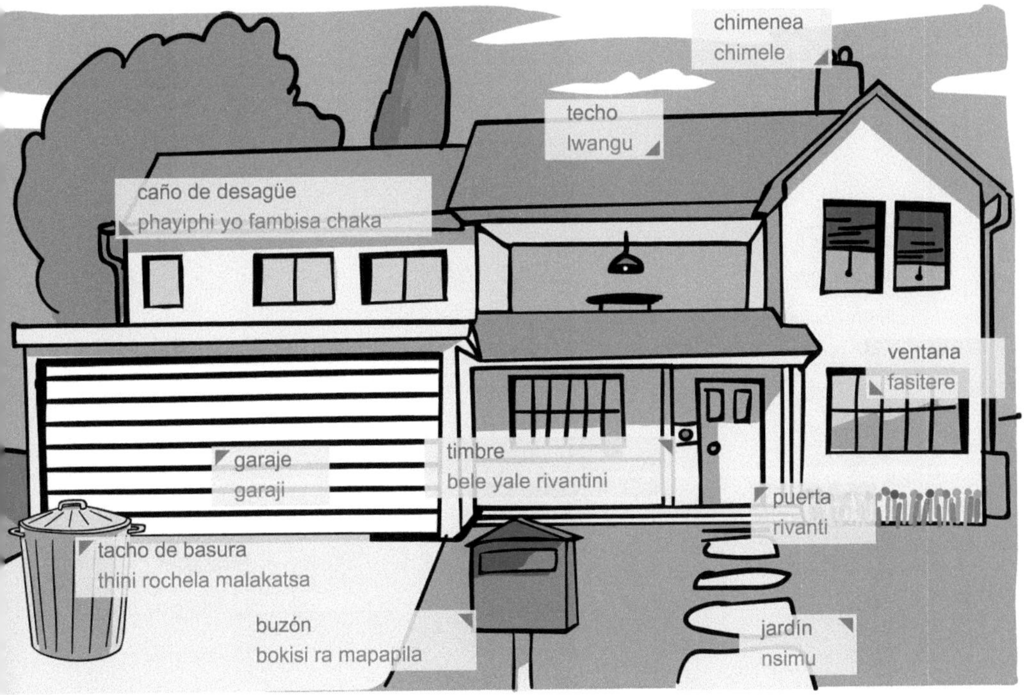

chimenea
chimele
techo
lwangu
caño de desagüe
phayiphi yo fambisa chaka
ventana
fasitere
garaje
garaji
timbre
bele yale rivantini
puerta
rivanti
tacho de basura
thini rochela malakatsa
buzón
bokisi ra mapapila
jardín
nsimu

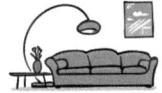

living

kamara ro tshama

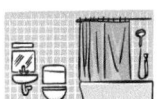

baño

kamara yo hlambela

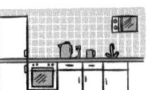

cocina

khishini

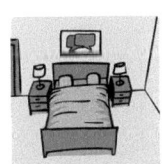

dormitorio

kamera ro etlela

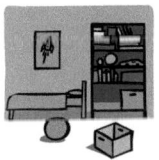

cuarto de los chicos

kamana ya vana

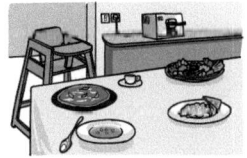

comedor

ndhawu yo dyela

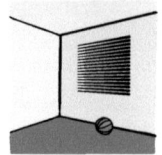

piso

ehansi

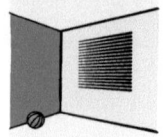

pared

khumbi

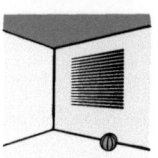

cielorraso

silingi

sótano

kamera ra le hansi

sauna

phungula

balcón

rikupakupa

terraza

tshala

pileta

damu

cortadora de pasto

muchini wo tsema byanyi

sábana

nkumba

acolchado

swo andlalela mubedo

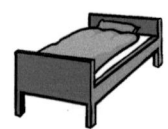

cama

mubedo

escoba

nkukulu

balde

bakiti

interruptor

swichi

living
kamara ro tshama

empapelado
phepha ra le khumbini
imagen
xifaniso
lámpara
rivoni
estante
xelufu
armario
khabodo
televisión
thelevhixini
chimenea
xitiko
flor
xiluva
almohadón
xikhengele
sofá
sofa
florero
mbita
control remoto
xilawula-kule

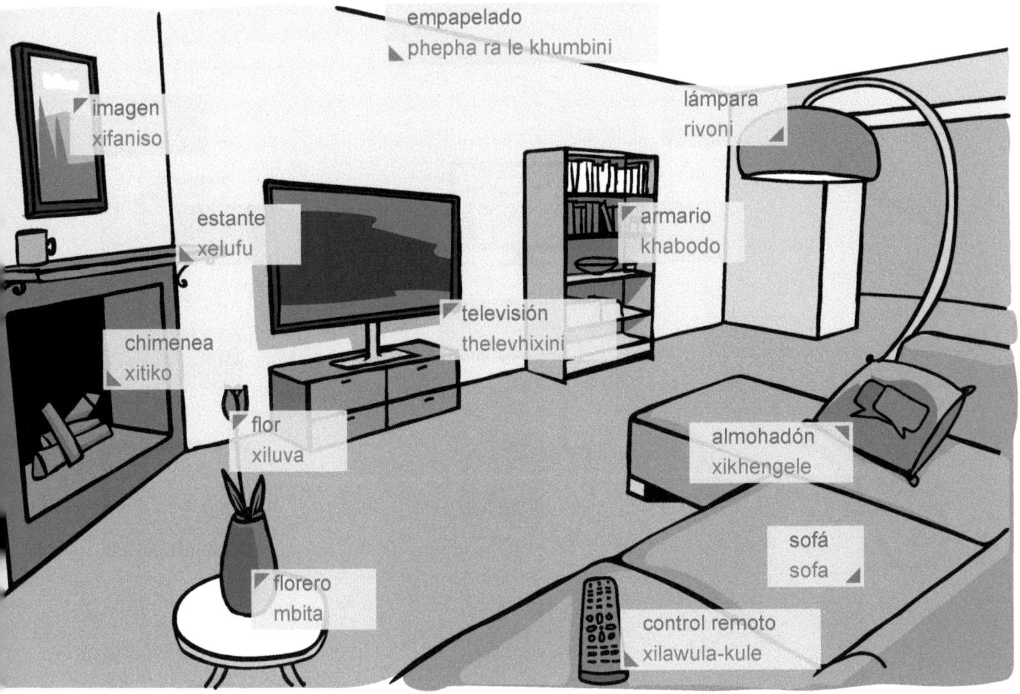

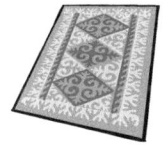

alfombra

khapete

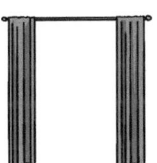

cortina

khethenisi

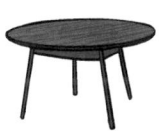

mesa

tafula

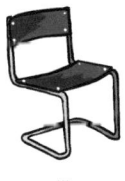

silla

xitulu

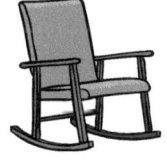

mecedora

xitulu xo mbuwetela

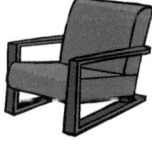

sillón

xitulu xo tlhandleka mavoko

libro

buku

frazada

nkumba

decoración

nkhaviso

leña

tihunyi

película

filimi

equipo de música

muchini wa hi-fi

llave

xinotlelo

diario

phepha-hungu

pintura

xifaniso lexi vatliweke

póster

bodo ya xifaniso

radio

xiya-ni-moya

cuaderno

buku yo tsala tinhla

aspiradora

hoover

cactus

xiluva xa cactus

vela

khandlela

cocina
khishini

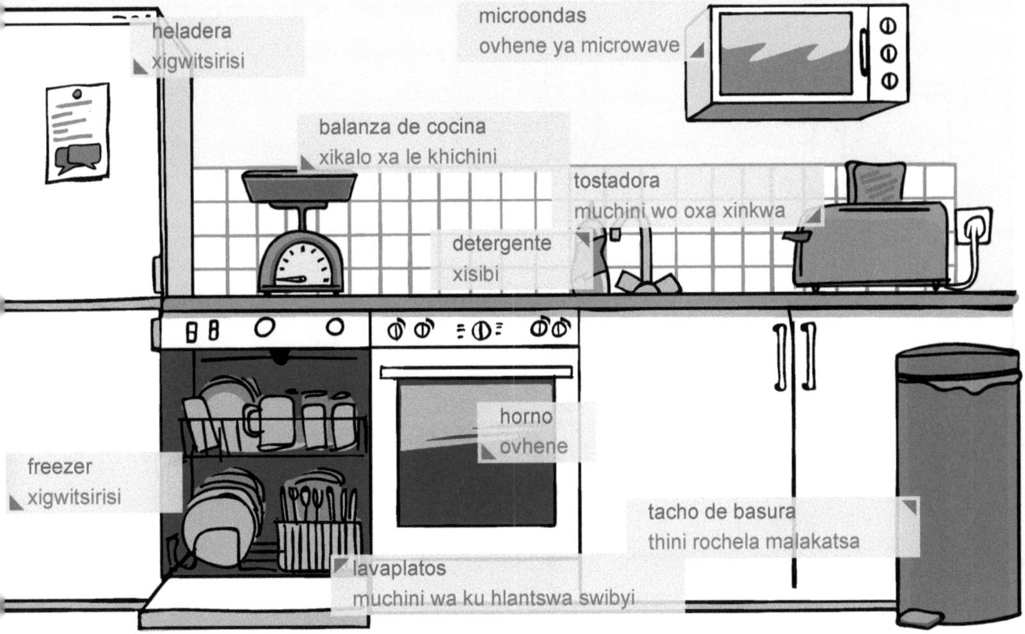

heladera
xigwitsirisi
microondas
ovhene ya microwave
balanza de cocina
xikalo xa le khichini
tostadora
muchini wo oxa xinkwa
detergente
xisibi
horno
ovhene
freezer
xigwitsirisi
tacho de basura
thini rochela malakatsa
lavaplatos
muchini wa ku hlantswa swibyi

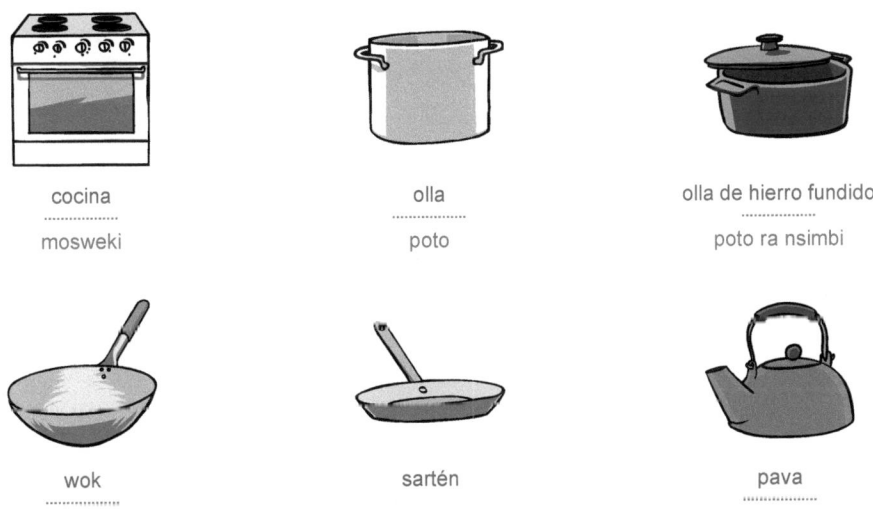

cocina

mosweki

olla

poto

olla de hierro fundido

poto ra nsimbi

wok

mbita yo swekela / kadai

sartén

pani

pava

ketlele

vaporera

xo sweka hi nkahelo

bandeja de horno

thireyi ya ku baka

vajilla

swibya

taza

xikomichana

bol

ximbitana

palitos

ti-chopstick

cucharón

xipunu

estpátula

spatula

batidora

muchini wo hlanganisa

colador

sefo

colador

xisefo

rallador

xilo xo tsemelela

mortero

xibye

parrilla

nyama yo oshiwa

fogata

ndzilo

tabla de picar

bodo ya ku tsemelela

palo de amasar

mhandzi yo andlala fulawa

sacacorchos

xo pfula mabodlhela

lata

thini

abrelatas

xo pfula mathini

manopla

xo khoma poto

pileta

zinki

cepillo

buracha

esponja

xiponci

batidora

xilo lexi hlanganiselaka

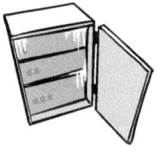

congelador

xigwitsirisi

mamadera

bodlhela ra n'wana

canilla

pompi

baño

kamara yo hlambela

calefacción
kukufumeta
ducha
shawara
toalla
thawula
cortina de ducha
khethenisi ra shawara
baño de espuma
xisibi xo hlambela a bavhini
bañadera
bavhu
vaso
nghilazi
lavarropas
muchini wa ku hlantswa
canilla
pompi
baldosas
tithayilisi
pelela
xihambukelo
pileta
zinki

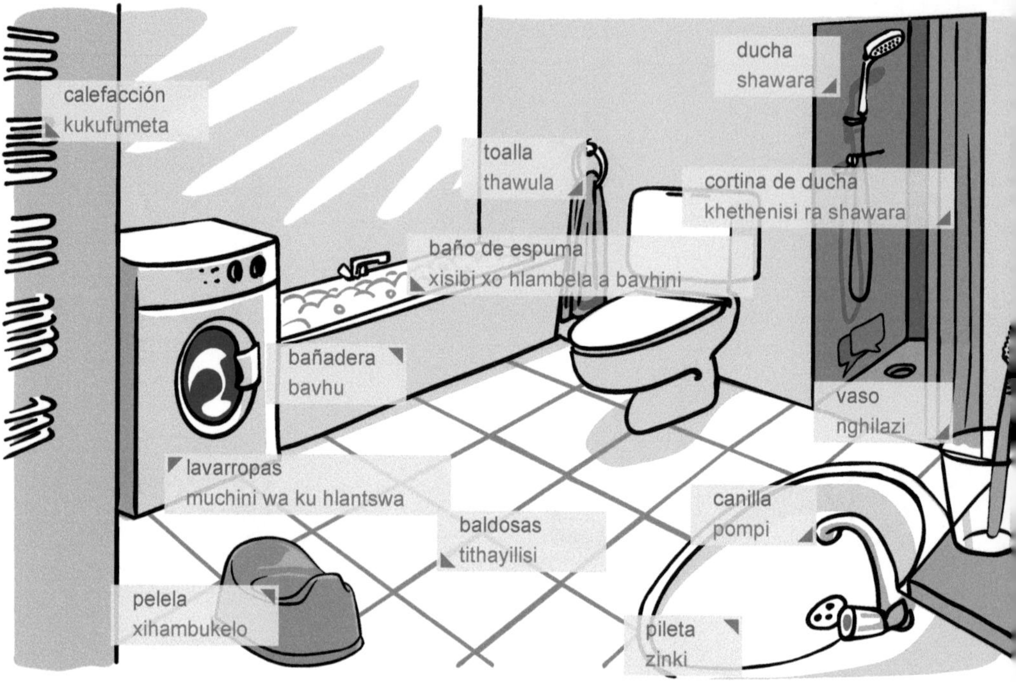

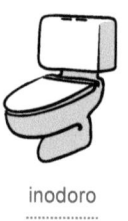

inodoro

xihambukelo

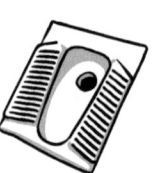

letrina

xihambukelo

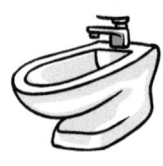

bidé

bidet

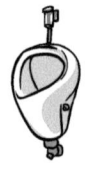

mingitorio

ndhawu yo tsakamisela

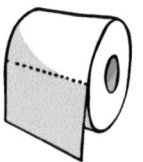

papel higiénico

papila ra xihambukelo

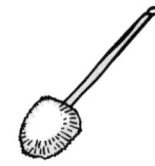

cepillo para el inodoro

burachi bya xihambukelo

cepillo de dientes

burachi bya meno

dentífrico

xisibi xa meno

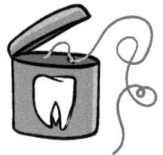

hilo dental

xo basisa exikarhi ka meno

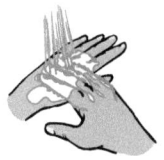

lavar

hlamba

ducha de mano

xawara yo khomiwa hivoko

ducha higiénica

douche

palangana

xihlambelo

cepillo para espalda

buracha ra nhlana

jabón

xisibi

gel de ducha

xisibi xa xawara

shampoo

shampoo

toallita

swilapana

desagüe

xinambyana

crema

rivomba

desodorante

xinhuherisi

espejo

xivoni

espejito

xivoni xo khomiwa hivoko

maquinita de afeitar

rikarhi

espuma de afeitar

xisibi so susa malevu

aftershave

mafurha ya kutola loku u
heta ku tsemeta malevu

peine

kama

cepillo

buracha

secador de pelo

muchini wo omisa mosisi

spray

mafurha yo tola mosisi

maquillaje

xo tisasekisa

lápiz de labios

xotota nomo

esmalte para uñas

xo tota minwala

algodón

kotoni

tijera para uñas

xo tsema minwala

perfume

xinhuherisi

portacosméticos

nkwama wa le
xihambukelweni

banqueta

nchuluko

balanza

xikalo

bata

nguvu yo hlamba

guantes de goma

tiglovhu ta raba

tampón

tampon

toallita femenina

thawula ra ku basisa

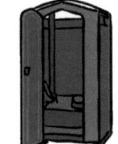

baño químico

xihambukelo xa le handle

cuarto de los chicos
kamana ya vana

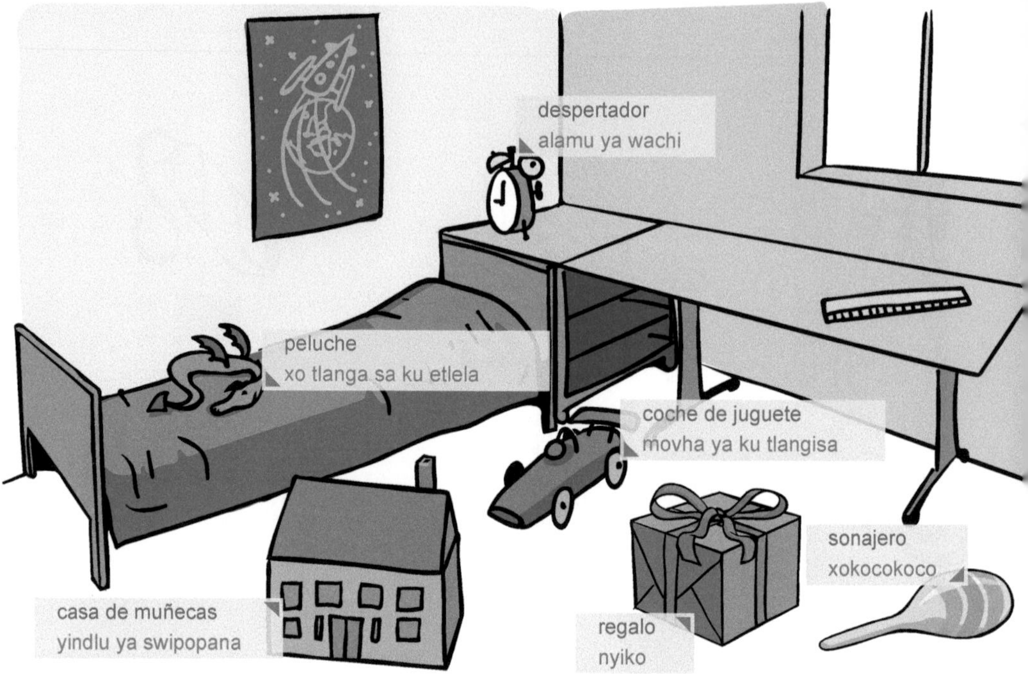

despertador
alamu ya wachi
peluche
xo tlanga sa ku etlela
coche de juguete
movha ya ku tlangisa
sonajero
xokocokoco
casa de muñecas
yindlu ya swipopana
regalo
nyiko

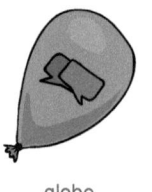

globo
baluni

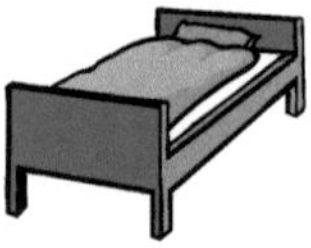
cama
mubedo

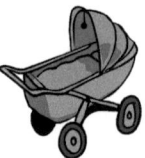

cochecito
pureme

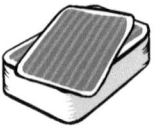

cartas
makhadi

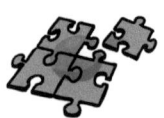

rompecabezas
jigsaw

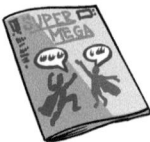

historieta
khomiki

piezas de lego

switina swa lego

ladrillos de juguete

swiaki

figura de acción

xo tlanga xa vana

enterito (de bebé)

swiambalo swa nwana

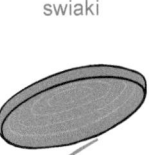

frisbee

Frisbee

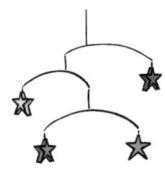

móvil para bebés

mobile

juego de mesa

ntlango wa le bodweni

dados

dayisi

tren eléctrico

xitimela xo tlanga

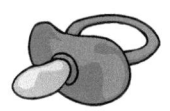

chupete

xo tlangisa vana

fiesta

nkhuvo

libro de cuentos ilustrado

buku ya swifaniso

pelota

bolo

muñeca

xipopana

jugar

tlanga

arenero

khele ra sava

hamaca

muchinginya

juguetes

swilo swo tlangisa

consola de videojuegos

mintlango ya vhidiyo

triciclo

xithuthuthu xa mivhilwa
manharhu

osito de peluche

tibere to tlangisa

armario

wadirobo

ropa

swiambalo

medias

masokisi

medias panty

masokisi

calzas

buruku byo tlimba

bufanda
xikhafu

paraguas
ambulele

remera
xikipa

cinturón
bandhi

botas
tintangu

pantuflas
maphashana

zapatillas
tintangu to tsutsuma

sandalias
maphashana

zapatos
tintangu

botas de goma
majombo ya raba

ropa interior
maburuko ya le ndzeni

corpiño
bodi

chaleco
xikipa xa le ndzeni

ropa - swiambalo

45

body
miri

pantalones
maburuko

jeans
bokati

pollera
xiketi

blusa
bulawusi

camisa
hembe

pulóver
jesi

buzo
jazi ro fingeneta nhloko

blazer
buleyizara

campera
baji

tapado
nghuvo

piloto
jazi rampfula

traje
swiambalo

vestido
swiambalo

vestido de novia
rhoko ya mucato

traje

sudu

camisón

xiambalo xo etlela

pijama

swi ambalo swo etlela

sari

sari

pañuelo para cabeza

xikhafu

turbante

duku

burka

burqa

caftán

swi ambalo

abaya

abaya

traje de baño

swiambalo swo hlambela

short de baño

maburuko ya le ndzeni

shorts

buruku ro koma

jogging

tracksuit

delantal

fasikoti

guantes

maglilavhu

botón

kunupu

anteojos

manghilazi ya mahlo

pulsera

sindza

collar

vuhlalu

anillo

xingwaxila

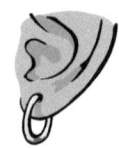

aro

vo sasekisa tindleve

gorra

kepisi

percha

hangara ya nghuvo

sombrero

xigqoko

corbata

thayi

cierre

zipi

casco

xihuku

tiradores

minxongotelo

uniforme escolar

swiambalo swa xikolo

uniforme

yunifomo

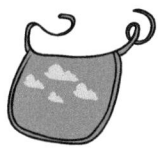

babero

bibi

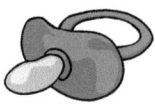

chupete

xo tlangisa vana

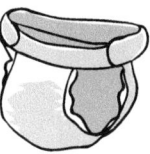

pañal

leyiri

oficina
hofisi

servidor
server
archivero
khabodo yo beka tifayili
impresora
muchini wa ku kandziyisa
papel
papila
monitor
xikirini
mouse
mouse
escritorio
tafola
carpeta
xilo xo veka swiphephana
teclado
keyboard
tacho (de basura)
xikotela xo lahla maphepha
silla
xitulo
computadora
khompyuta

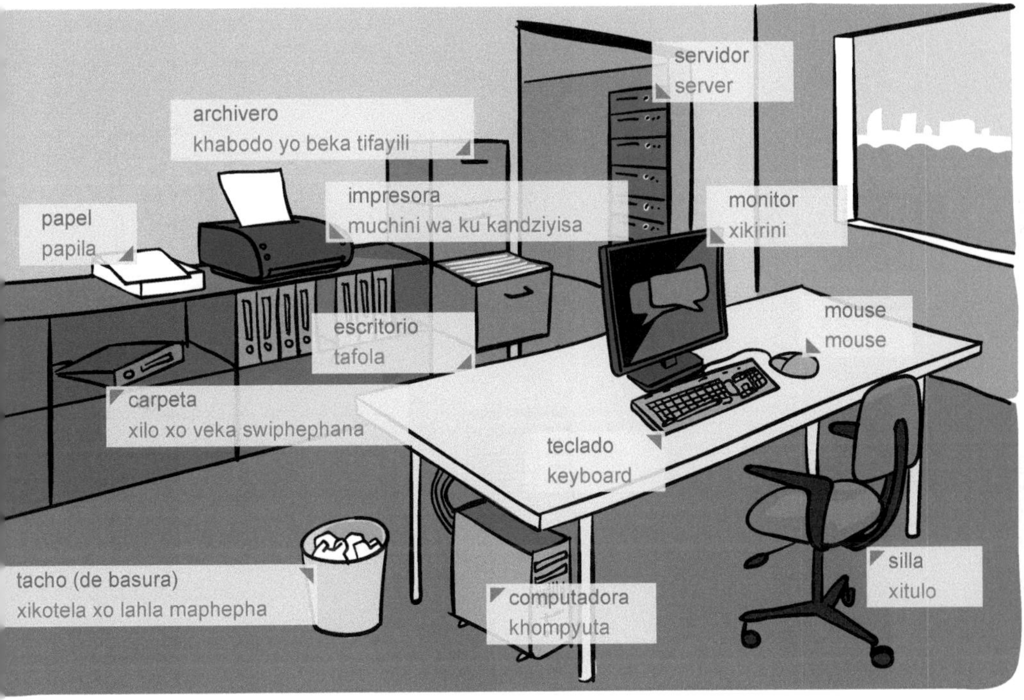

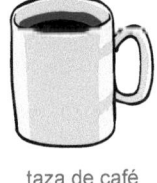

taza de café

bikiri ra kofi

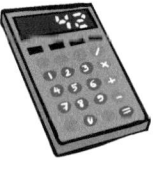

calculadora

muchini wo hlaya

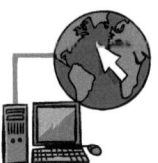

internet

internet

laptop

laptop

carta

papila

mensaje

rungula

celular

foni

red

network

fotocopiadora

muchini wo endla tikopi

software

progreme ya khompyuta

teléfono

riqingho

tomacorriente

pulagi ya gezi

fax

muchini wo rhumela rungula

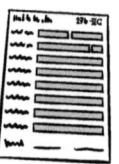

formulario

fomo

documento

papila

comprar
....
xava

pagar
....
hakela

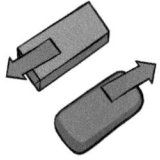

hacer negocios
....
xavisa

dinero
....
mali

 USD

dólar
....
dolara

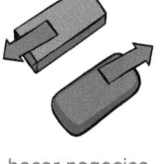 EUR

euro
....
euro

JPY

yen
....
yen

RUB

rublo
....
rouble

CHF

franco suizo
....
Swiss franc

CNY

yuan
....
renminb yuan

INR

rupia
....
rupee

cajero automático
....
muchini wa mali

casa de cambio

ndhawu yo cinca mali

oro

nsuku

plata

silivhere

petróleo

mafurha

energía

matimba

precio

hakelo

contrato

ntwanano

impuesto

xibalo

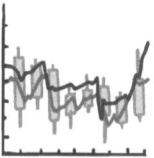

acción

nundzu ya timali

trabajar

tirha

empleado

mutirhi

empleador

mothorhi

fábrica

fektri

negocio

xitolo

ocupaciones
mintirho

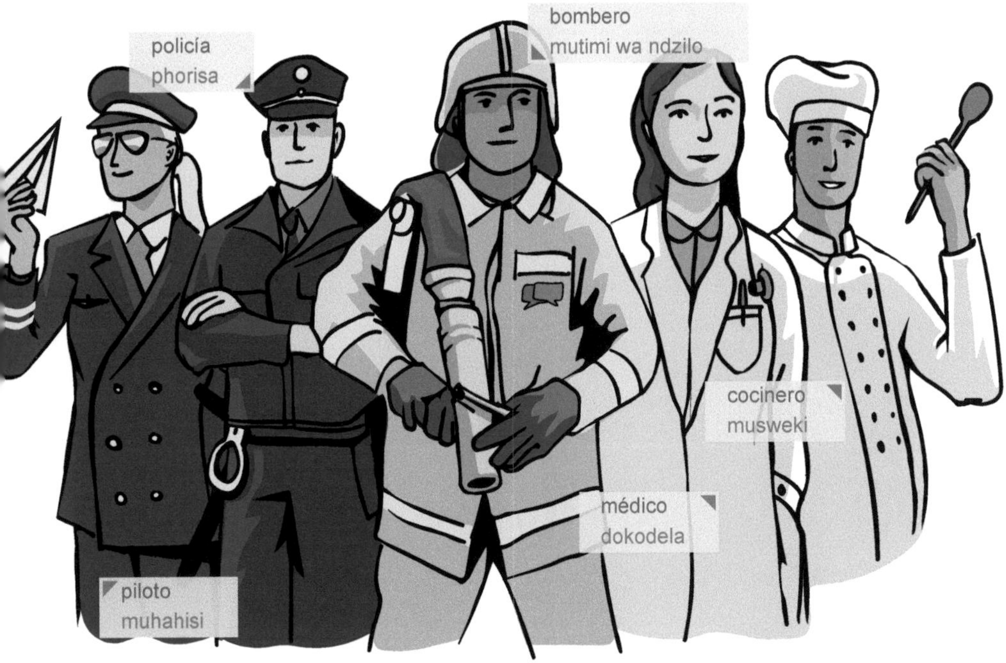
policía
phorisa
bombero
mutimi wa ndzilo
cocinero
musweki
médico
dokodela
piloto
muhahisi

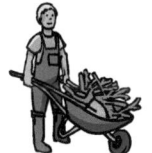

jardinero

muhlayi wa ntanga

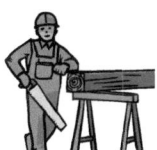

carpintero

muvatli

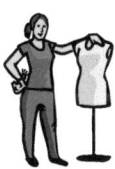

modista

murungi

juez

muavanyisi

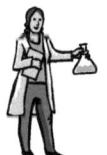

farmacéutico

xitshunguri

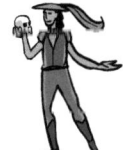

actor

mutlangi

colectivero

muchaeri wa tibazi

taxista

muchayeri wa thekisi

pescador

muphasi wa tinhlampfi

mucama

wansati wa ku basisa

techista

mufuleri

mozo

muphameri

cazador

muhloti

pintor

mupendi

panadero

mubaki

electricista

mutivi wagezi

albañil

muaki

ingeniero

munjiniyara

carnicero

muxavisi wa nyama

plomero

muplambara

cartero

muheleketi wa poso

soldado

socha

arquitecto

mumpfampfarhuti

cajero

muamukeli wa timali

florista

muxavisi wa swiluva

peluquero

mululamisi wa misisi

cobrador

mufambisi

mecánico

ꓕunhu wo lungisa timovha

capitán

mulawuri

dentista

dokotela wa matinho

científico

mutivi wa sayensi

rabino

mufundisi

imán

murhangeri

monje

nghwendza

sacerdote

mfundisi

herramientas
switirhisiwa

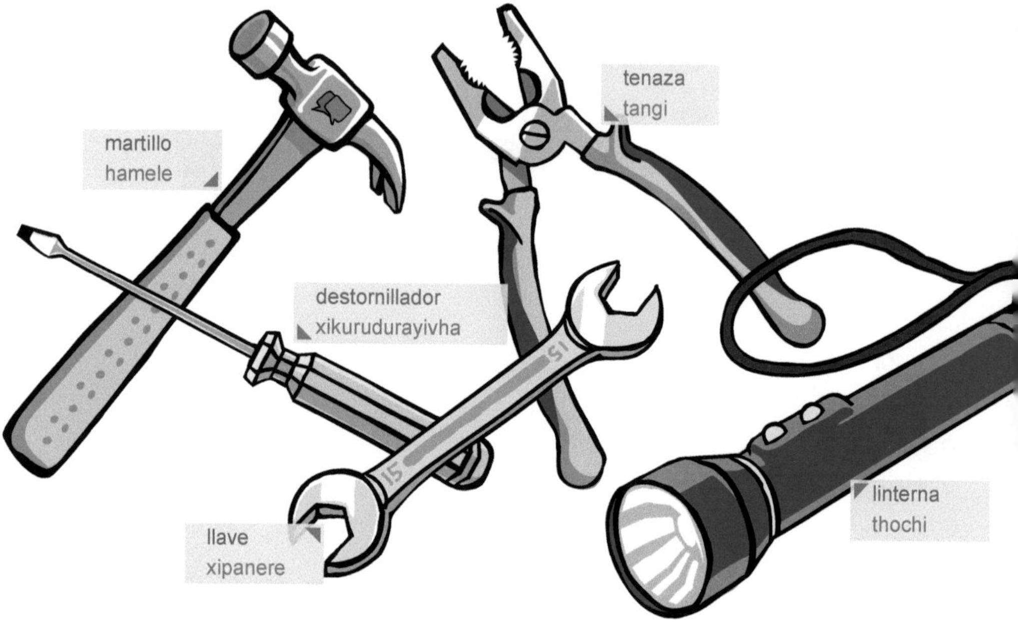
tenaza
tangi
martillo
hamele
destornillador
xikurudurayivha
linterna
thochi
llave
xipanere

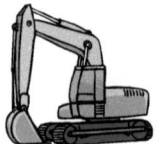

excavadora
muchini wo cela

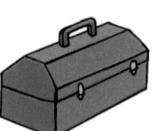

caja de herramientas
bokisi ra switirhisiwa

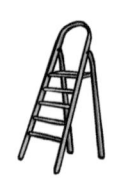

escalera portátil
xitepisi

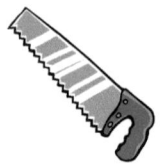

sierra
saha

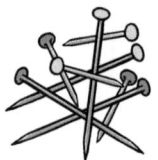

clavos
swipikiri

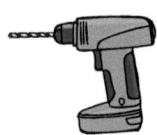

taladro
muchini wo boxa

arreglar

lunghisa

pala de jardín

foxolo

¡Qué bronca!

Thyaka!

pala de plástico

nchumu wo susa ritshuri

tacho de pintura

mbita ya pende

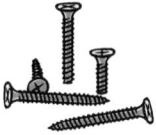

tornillos

bawuti

instrumentos musicales
swichayachayana

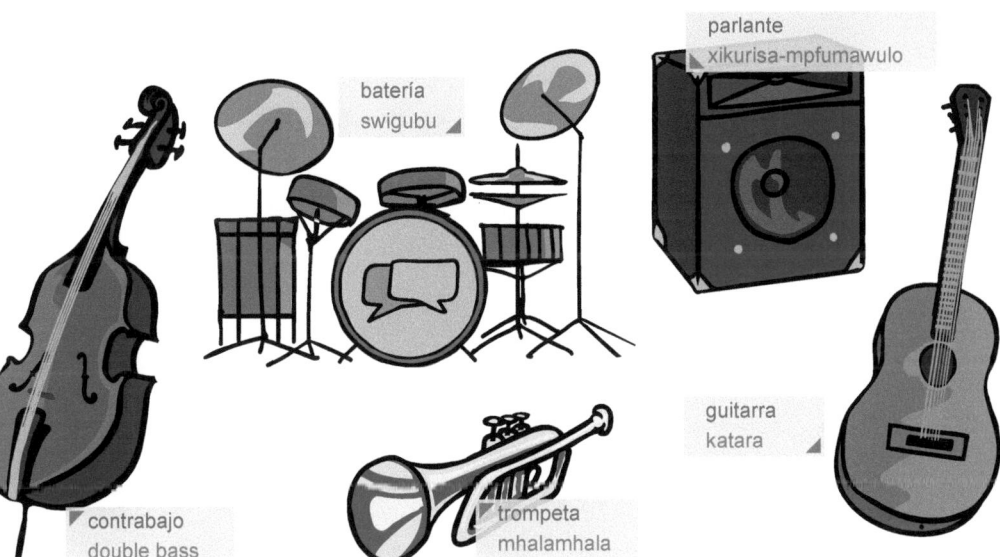

parlante
xikurisa-mpfumawulo

batería
swigubu

guitarra
katara

contrabajo
double bass

trompeta
mhalamhala

piano

piyano

violín

violin

bajo

bass

timbales

timpani

tambor

xigubu

teclado

keyboard

saxofón

saxophone

flauta

xitiringo

micrófono

xikurisa-marito

zoológico

ntanga wa swiharhi

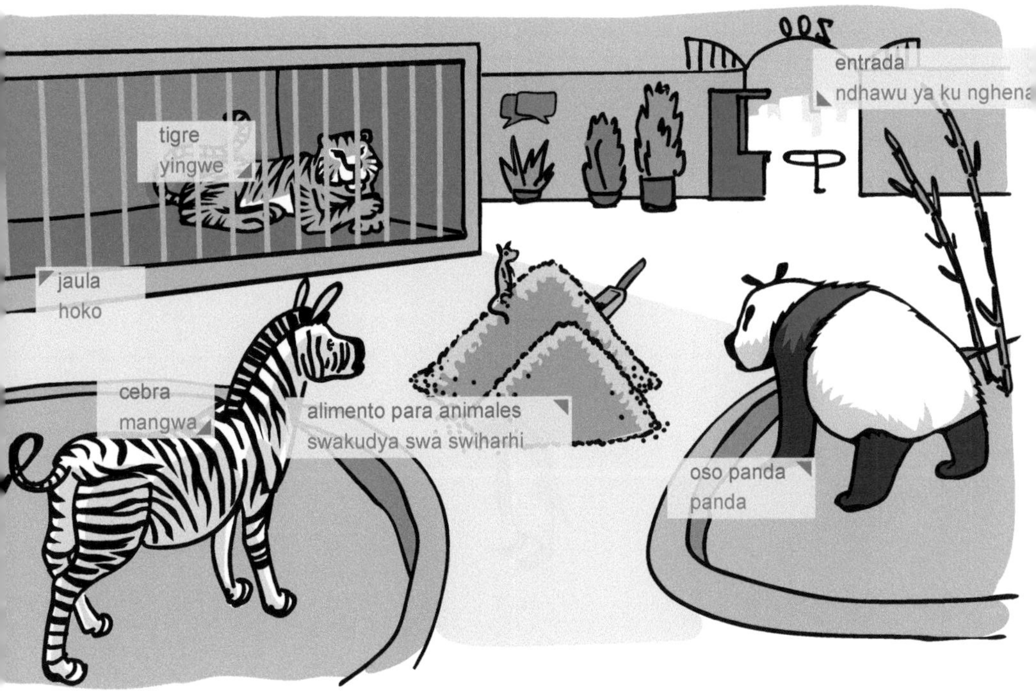

entrada
ndhawu ya ku nghena
tigre
yingwe
jaula
hoko
cebra
mangwa
alimento para animales
swakudya swa swiharhi
oso panda
panda

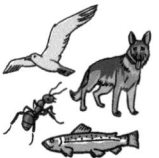

animales

swiharhi

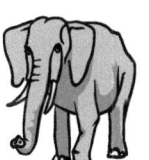

elefante

ndlopfu

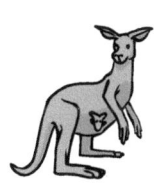

canguro

xinjhenghwe

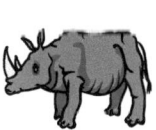

rinoceronte

mhelembe

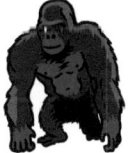

gorila

gorila

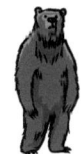

oso

bere

camello

kamela

avestruz

yintsha

león

nghala

mono

nkawu

flamenco

flamingo

loro

hokwe

oso polar

bere

pingüino

penguin

tiburón

shaka

pavo real

hanti

serpiente

nyoka

cocodrilo

ngwenya

cuidador del zoológico

muhlayisi wa mintanga ya
swiharhi

foca

seal

jaguar

jaguar

poni
hanci

leopardo
yingwe

hipopótamo
mpfuvu

jirafa
nhutlwa

águila
gama

jabalí
ngluve ya nhova

pescado
hlampfi

tortuga
mfutsu

morsa
nyimpfu ya le lwandle

zorro
mhungubye

gacela
mhala

fútbol americano
bolo ya le Amerika

ciclismo
kufamba hi xi kanyakanya

tenis
tennis

básquet
basketball

natación
kuhlambela

hockey sobre hielo
khororo ya le ayisini

boxeo
ntlango wa ku bana

fútbol
bolo

bádminton
badminton

atletismo
mintlango

handball
bolo ya mavoko

esquí
kureta e gambokweni

polo
polo

actividades
mintirho

reír
hleka
saltar
tlula
abrazar
angara
caminar
famba
cantar
yimbelela
soñar
lora
rezar
khongela
besar
ntswontswa

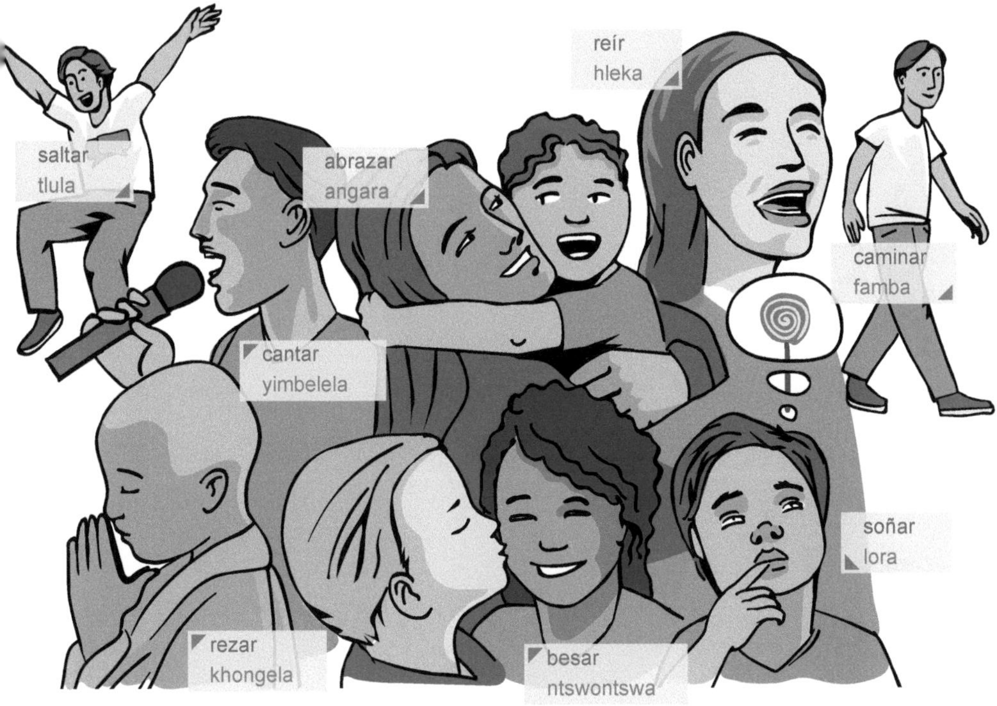

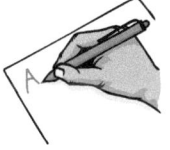

escribir	dibujar	mostrar
tsala	dirowa	komba
presionar	dar	tomar
dlidlimeta	nyika	teka

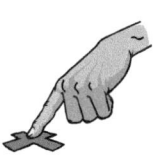

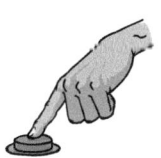

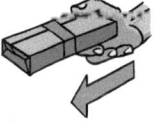

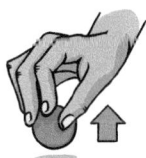

tener
....
yi va

hacer
....
endla

ser
....
ku va

estar parado
....
yima

correr
....
tsutsuma

tirar
....
koka

tirar
....
lahlela

caer
....
wana

estar acostado
....
hemba

esperar
....
rindza

llevar
....
rhwala

estar sentado
....
tshama

vestirse
....
ambala

dormir
....
tlela

despertar
....
pfuka

mirar

languta

llorar

rila

acariciar

bana

peinar

kama

hablar

vulavula

entender

twisisa

preguntar

vutisa

escuchar

yingisa

beber

nwana

comer

dyana

ordenar

basisa

amar

randza

cocinar

sweka

manejar

chayela

volar

haha

navegar

tluta

calcular

hlaya

leer

hlaya

aprender

hlaya

trabajar

tirha

casarse

teka

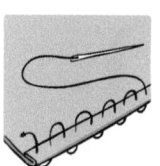

coser

rhunga

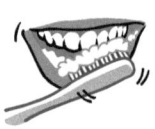

cepillarse los dientes

kuhlamba meno

matar

dlaya

fumar

dzaha

enviar

rhumela

na wa xisati

abuelo
kokwana wa xinuna

padre
tatana

madre
mana

bebé
nwana

hija
n'wana wa nwanyana

hijo
n'wana wa mfana

invitado
muendzi

tía
hahani

tío
malume

hermano
makwerhu

hermana
makwrhu

familia - ndyanghu

67

cuerpo

miri

frente
mombo
ojo
tihlo
hombro
katla
dedo
ritiho
cara
xikandza
pera
xilebvu
mano
voko
pecho
bele
pierna
nenge
brazo
voko

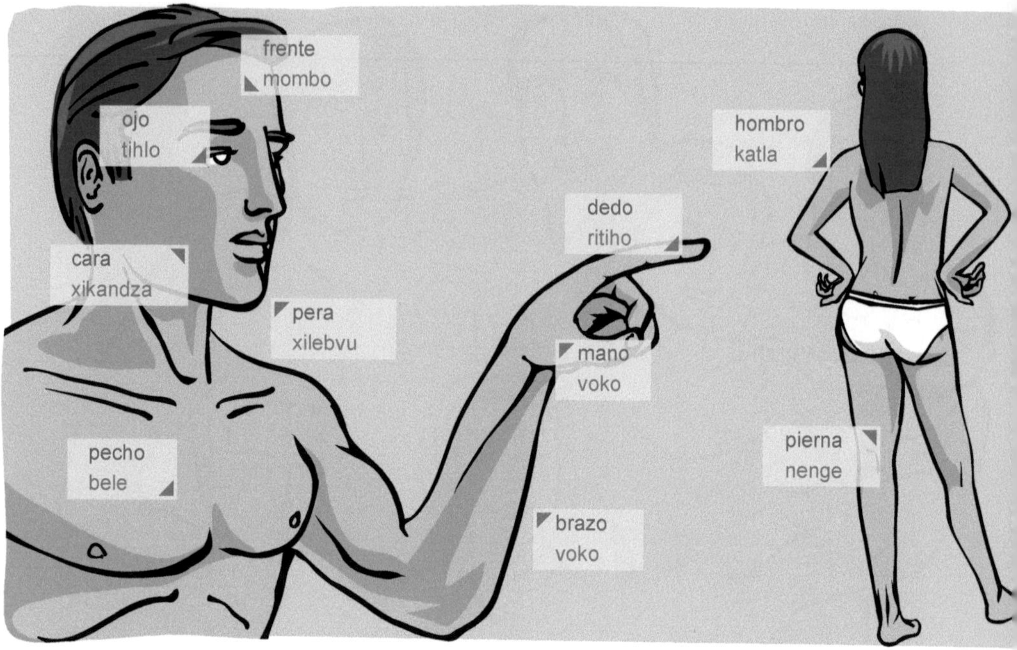

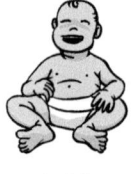

bebé

nwana

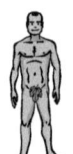

hombre

n'wanuna

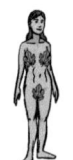

mujer

nw'ansati

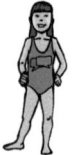

nena

nhwanyana

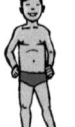

nene

mfana

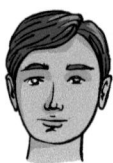

cabeza

nhloko

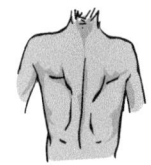

espalda

nhlana

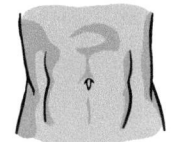

panza

khwiri

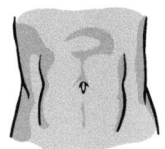

ombligo

nkava

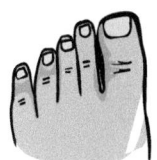

dedo del pie

xikunwani

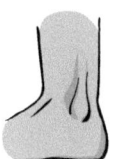

talón

xirhenze

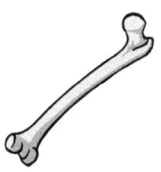

hueso

rhambu

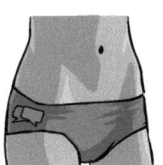

cadera

nyonga

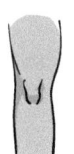

rodilla

tsolo

codo

xikokola

nariz

nompfu

cola

xisuti

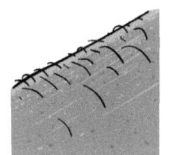

piel

nhlonge

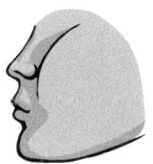

cachete

rhama

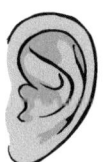

oreja

ndlebe

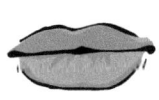

labio

nomu

boca

nomu

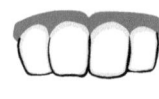

diente

tinyo

lengua

ririmi

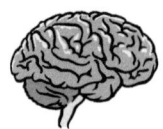

cerebro

byongo

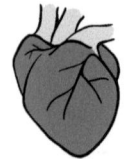

corazón

mbilu

músculo

nsiha

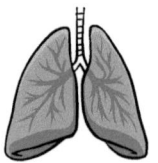

pulmón

hahu

hígado

vixindzi

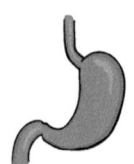

estómago

khwiri

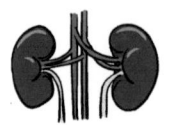

riñones

tinso

sexo

masangu

preservativo

khondomu

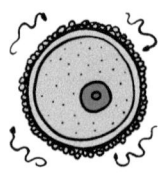

óvulo

tandza

semen

mbewu ya vununa

embarazo

nyimba

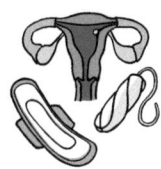

menstruación
....
kuya enkarhini

vagina
....
muhocho

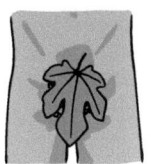

pene
....
xiluma

ceja
....
tinxiyi

pelo
....
misisi

cuello
....
nhamu

hospital
xibedlhele

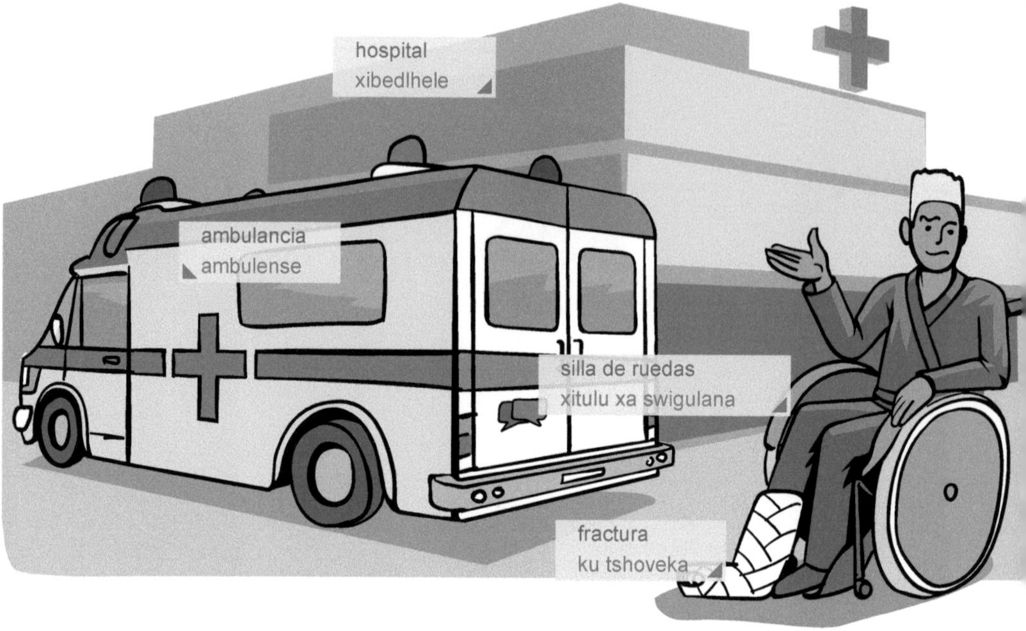

hospital
xibedlhele
ambulancia
ambulense
silla de ruedas
xitulu xa swigulana
fractura
ku tshoveka

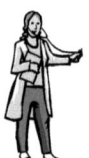

médico

dokodela

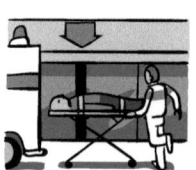

sala de guardia

kamara ra xilamulela-mhango

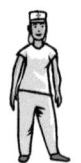

enfermera

muongori

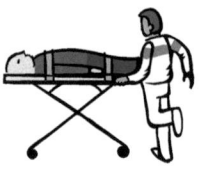

emergencia

xihatla

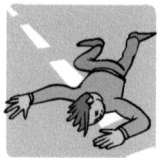

inconsciente

ku titivala

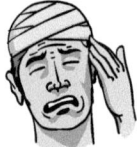

dolor

kuvava

lesión

ku vaviseka

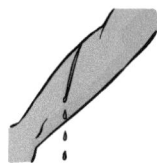

hemorragia

mpfempfa ngati

infarto

ku hlaseriwa himbilu

ACV

ku oma swirho

alergia

rinyenyo

tos

khohlola

fiebre

xifumbu

gripe

mukhuhlwana

diarrea

nchuluko

dolor de cabeza

ku pandza ka nhloko

cáncer

khensa

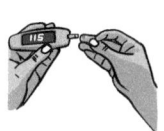

diabetes

chukela

cirujano

dokodela

bisturí

mukwana

operación

vuhandzuri

TC
CT

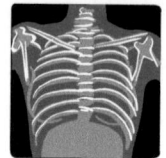

rayos x
x-rheyi

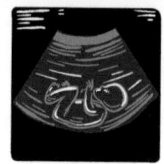

ecografía
muchini wo yingisela
ntshuka-ntshuko

barbijo
xo tipfala tinhomfu

enfermedad
vuvabyi

sala de espera
kamara ro rindza

muleta
nhonga

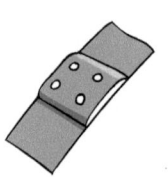

curita
semendhe

venda
bandhichi

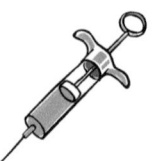

inyección
neleta

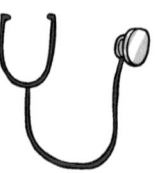

estetoscopio
muchini wa madokodela wa
ku yingisa

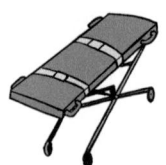

camilla
rihlaka

termómetro
xipima-mahiselo

nacimiento
ku veleka

sobrepeso
ku nyuhela

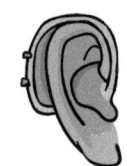

audífono
swipfuneta-ku-twa

desinfectante
khemikhale yo dlaya
switsongwatsongwana

infección
switsongwatsongwana

virus
xitsongwatsongwana

VIH / SIDA
HIV / AIDS

remedio
miri

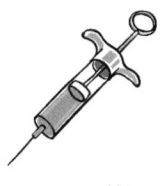

vacunación
nayiti

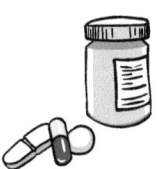

comprimidos
maphilisi

pastilla anticonceptiva
pilisi

llamada de emergencia
riqingho ra xihatla

tensiómetro
muchini wo kamba
nsusumeto wa ngati

enfermo / sano
vabya / hanya

hospital - xibedlhele

¡Ayuda!
....
Pfunani!

alarma
....
bele

agresión
....
ku hlaseriwa

ataque
....
hlasela

peligro
....
khombo

salida de emergencia
....
nyangwa wo huma loko ku
ri ni mhango

¡Fuego!
....
Ndzilo!

matafuego
....
xo tima ndzilo

accidente
....
mhangu

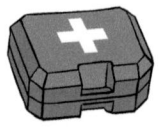

botiquín de primeros
auxilios
....
bokisi ra xilamulela-mhango

SOS
....
SOS

policía
....
phorisa

Europa

Yuropa

América del Norte

Amerika N'walungu

América del Sur

Amerika Dzonga

África

Afrika

Asia

Asia

Australia

Australia

Atlántico

Atlantic

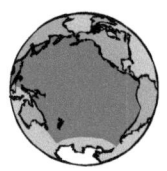

Pacífico

Pacific

Océano Índico

Lwandle-nkulu ra Indiya

Océano Antártico

Lwandle-nkulu ra Antarctlc

Océano Ártico

Lwandle-nkulu ra Arctlc

polo norte

North Pole

polo sur

South Pole

Antártida

Antarctica

Tierra

Misava

tierra

tiko

mar

lwandle

isla

xihlala

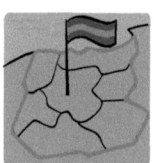

nación

rixaka

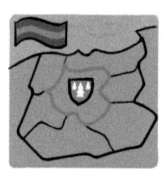

estado

tiko

esfera

xikomba nkarhi

manecilla de las horas

xikomba-tiawara

minutero

xikomba-timineti

segundero

xikomba-tisekoni

¿Qué hora es?

I nkarhi muni?

día

siku

hora

nkarhi

ahora

sweswi

reloj digital

wachi leyi tshavatelaka

minuto

minete

hora

awara

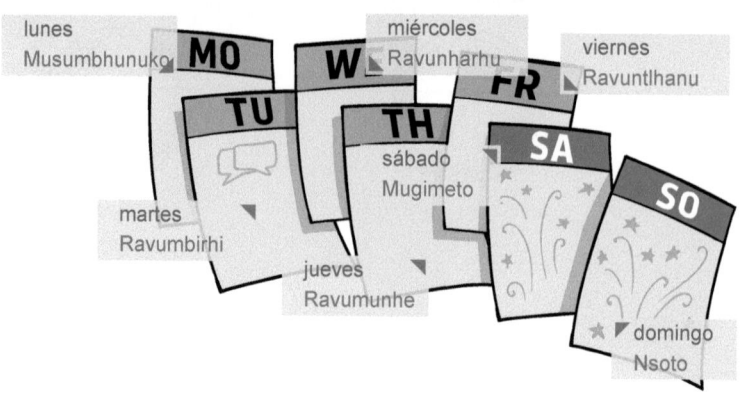

lunes
Musumbhunuko

miércoles
Ravunharhu

viernes
Ravuntlhanu

sábado
Mugimeto

martes
Ravumbirhi

jueves
Ravumunhe

domingo
Nsoto

ayer
....
tolo

hoy
....
namuntlha

mañana
....
mundzuku

mañana
....
mixo

mediodía
....
nhlekani

tarde
....
madyambu

MO	TU	WE	TH	FR	SA	SU
1	2	3	4	5	6	7
8	9	10	11	12	13	14
15	16	17	18	19	20	21
22	23	24	25	26	27	28
29	30	31	1	2	3	4

días hábiles
....
masiku ya ntirho

MO	TU	WE	TH	FR	SA	SU
1	2	3	4	5	6	7
8	9	10	11	12	13	14
15	16	17	18	19	20	21
22	23	24	25	26	27	28
29	30	31	1	2	3	4

fin de semana
....
mahelo vhiki

año
lembe

lluvia
mfpula
arco iris
nkwangulatilo
nieve
gamboko
viento
moya
primavera
xumun'wana
otoño
xixikana
verano
ximumu
invierno
xixika

4.APRIL 11°
5.APRIL 4°
6.APRIL 13°
7.APRIL 8°
8.APRIL 10°

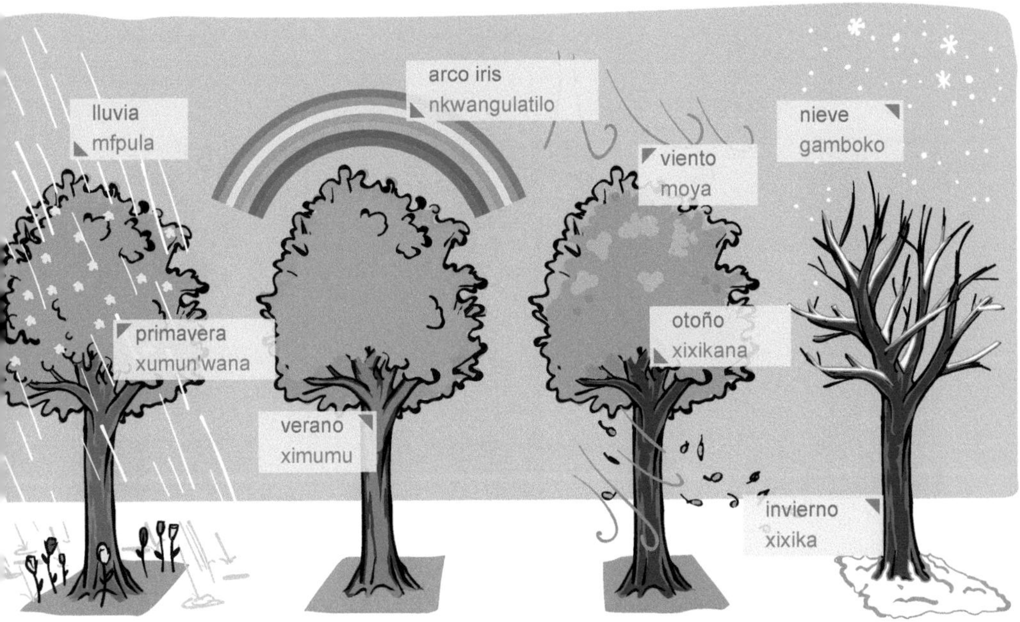

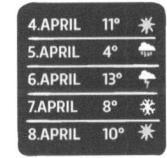

pronóstico meteorológico
vumbha tamaxelo

F C
120 40
90 30
60 20
30 10
0 0
-30 -10
-20

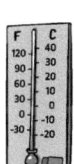

termómetro
xipima-mahiselo

luz del sol
dyambu

nube
papa

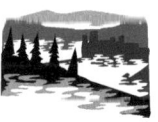

niebla
hunguva

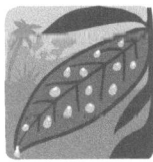

humedad
kutsakama

rayo
....
rihati

trueno
....
dzindza-tilo

tormenta
....
xidzedze

granizo
....
xihangu

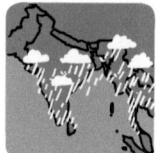

monzón
....
mpfula

inundación
....
ndhambi

hielo
....
ayisi

enero
....
Sunguti

febrero
....
Nyenyenyana

marzo
....
Nyenyankulu

abril
....
Dzivamusoko

mayo
....
Mudyaxihi

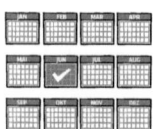

junio
....
Khotavuxika

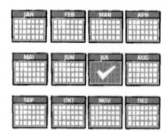

julio
....
Mawuwani

agosto
....
Mhawuri

año - lembe

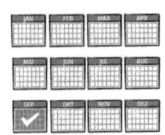

septiembre
....
Ndzhati

octubre
....
Nhlangula

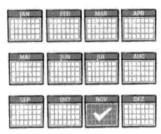

noviembre
....
Hukuri

diciembre
....
N'wendzamhala

formas
swivumbeko

círculo
....
xirendzevutana

cuadrado
....
xikwere

rectángulo
....
matlhelo ya mune

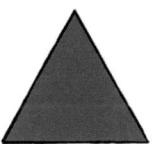

triángulo
....
xivunguvungu xa tlntlha
tinharhu

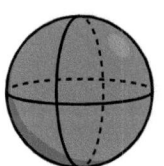

esfera
....
bolo

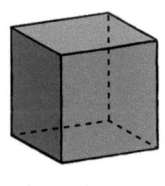

cubo
....
cube

blanco

basa

amarillo

xitshopana

naranja

lamula

rosa

tshwukanyana

rojo

tshwuka

violeta

xigunguvungu

azul

wasi

verde

rihlaza

marrón

buraweni

gris

mpunga

negro

ntima

mucho / poco

swo tala / swi tsongo

enojado / tranquilo

hlundzukile / rhurile

lindo / feo

sasekile / bihile

principio / fin

masungulo / makumo

grande / chico

kulu / tsongo

claro / oscuro

vangama / munyama

hermano / hermana

buti / sesi

limpio / sucio

basile / chakile

completo / incompleto

helerile / helelangiki

día / noche

siku / vusiku

muerto / vivo

lile / hanyaka

ancho / angosto

pfulekile / pfalekile

comestible / no comestible

swa dyiwa / a swi dyiwi

malo / amable

homboloka / lunghile

entusiasmado / aburrido

tsakile / phirekile

gordo / flaco

nyuhela / lala

primero / último

masungulo / makumo

amigo / enemigo

mungana / nala

lleno / vacío

tele / hava

duro / blando

tiyile / olova

pesado / liviano

tika / vevuka

hambre / sed

ndlala / torha

enfermo / sano

vabya / hanya

ilegal / legal

swi ngariki enawini / enawini

inteligente / estúpido

tlharihile / xiphukuphuku

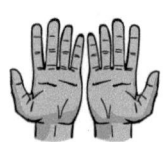

izquierda / derecha

ximati / xinene

cerca / lejos

akusuhi / kule

nuevo / usado

yintshwa / tirhisiwile

nada / algo

hava / xin'wana

viejo / joven

dyuharile / muntshwa

encendido / apagado

xarirha / xitimile

abierto / cerrado

pfurile / pfariwile

silencioso / ruidoso

myerile / huwa

rico / pobre

fuwile / xisiwana

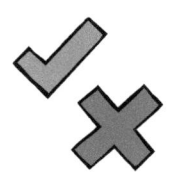

correcto / incorrecto

swinene / bihile

áspero / suave

khwasha / reta

triste / contento

vaviseka / tsaka

corto / largo

koma / leha

lento / rápido

hlwela / hatlisa

mojado / seco

tsakama / oma

caliente / frío

kufumela / titimela

guerra / paz

nyimpi / kurhula

0

cero

noto

1

uno

n'we

2

dos

mbirhi

3

tres

nharhu

4

cuatro

mune

5

cinco

ntlhanu

6

seis

ntsevu

7

síete

nkombo

8

ocho

nhungu

9

nueve

nkaye

10

diez

khume

11

once

khume n'we

12

doce

khume mbirhi

13

trece

khume nharhu

14

catorce

khume mune

15

quince

khume ntlhanu

16

dieciséis

khume ntsevu

17

diecisiete

khumbe nkombo

18

dieciocho

khume nhungu

19

diecinueve

khume nkaye

20

veinte

makhume mambirhi

100

cien

dzana

1.000

mil

gidi

1.000.000

millón

gidi ya magidi

inglés

Xinghezi

inglés americano

Xinghezi xa Amerika

chino mandarín

Xichayina xa Mandarin

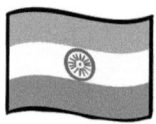

hindi

Xihindi

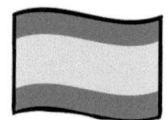

español

Xipaniya

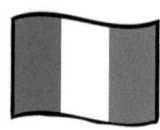

francés

Xifurwa

árabe

Xiarabu

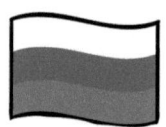

ruso

Xirhaxiya

portugués

Xiputukezi

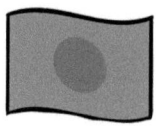

bengalí

Xibengali

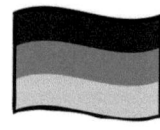

alemán

Xijarimani

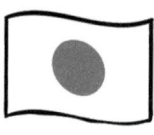

japonés

Xijapani

yo

mina

vos

wena

él / ella

yena / yena / xona

nosotros

hina

ustedes

n'wina

ellos

vona

¿quién?

mani?

¿qué?

yini?

¿cómo?

njhani?

¿dónde?

kwlhi?

¿cuándo?

rhini?

nombre

vlto

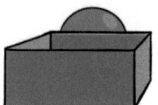

detrás

endzaku

en

ahehla

adelante de

emahlweni a

por encima de

ahenhla ka

sobre

eka

debajo de

ehansi

al lado de

handle ka

entre

exikarhi ka

lugar

ndhawu